Phryné

ballet en 3 Tabl.

de M Aug. Germain

musique de Louis Ganne

—

# Olympia ✳

# ✳ Théâtre

PIANOS A. BORD
14bis, BOULEVARD POISSONNIÈRE
PARIS

Membre du Jury
Exposition Universelle
de 1900

AU TOURISTE
36bis, Avenue de l'Opéra, PARIS
MALLES — SACS — TROUSSES
LÉGÈRETÉ, SOLIDITÉ, ÉLÉGANCE
CATALOGUES ILLUSTRÉS FRANCO

BEAUTÉ DU TEINT,

DISPARITION DES RIDES,
par le MASSAGE FACIAL à la

# PATE D'AVELINES

### Se vend : Mon ḤELTEN, Manucure

4, Rue Glück (près l'Opéra)

Prix 2,50.                    Franco 3 francs.

Avant

et Après

le Théâtre

# Taverne

DINERS

4 francs

Vin et Café Filtre

compris

*et à la Carte*

SOUPERS

CHAUDS

ET FROIDS

# Olympia

RESTAURANT OUVERT TOUTE LA NUIT

DÉGUSTATION BIÈRE DUCASTAING

*Orchestre de Dames*

# Fourrures

## en

## tous genres

### A

### FAÇON

### ET

### SUR

### MESURE

# Weinstein et Cᵢᵉ

## 35, Faubourg Montmartre

ENTRÉE: 1, RUE DE PROVENCE

ANCIENNEMENT : 3, RUE D'AUMALE

LA PLUS IMPORTANTE MAISON DE
**CARTES POSTALES** **MAURY**
SPÉCIALITÉ D'ACTRICES

Dernière Nouveauté "SOUVENIR DE PARIS"
formé de **58** vues de PARIS dans la même Carte.

## 55, 57, 59, 61, Passage Jouffroy

W C FIELDS

# PHRYNÉ

## ARGUMENT

### Premier acte

#### L'ATELIER DE PRAXYTÈLE

Praxytèle travaille à la statue de Vénus Aphrodite; il se désespère, car il n'a pas le modèle rêvé; il laisse son ébauchoir, brise sa statue et va se jeter sur son lit de repos; ses esclaves accourues au bruit le bercent du balancement rythmique de leurs palmes. Il s'endort et les esclaves se retirent.

Praxytèle rêve; il revoit les statues qu'il a faites, vivantes et triomphantes. Les Éros et les Faunes s'animent et descendent de leurs socles, il les supplie de se joindre à lui pour implorer la déesse de la Beauté, Vénus, qui seule peut lui donner le modèle rêvé. Vénus paraît, elle promet de réaliser le désir de Praxytèle et fait reprendre aux statues es poses qui les ont rendues immortelles. Le sculpteur s'éveille consolé.

Dans l'air s'éveille un doux chant de flûte. Praxytèle ému regarde au dehors et envoie ses esclaves chercher la musicienne aux airs troublants. C'est Phryné suivie de ses joueuses de flûte, de lyre, de cithare et de tambourin; c'est la Beauté envoyée par Vénus. Elle consent à servir de modèle à l'Artiste.

Soudain un vieil Héliaste fait irruption dans l'atelier; il supplie Phryné de le suivre, mais elle fait chasser le grotesque amoureux. Les joueuses de flûte et les esclaves se retirent laissant Phryné seule avec Praxytèle extasié.

### Deuxième acte

#### UNE FÊTE CHEZ PHRYNÉ

Les torchères brûlent, des parfums montent des cassolettes, des esclaves versent du vin, les Courtisanes chantent l'Hymne à Vénus, de jeunes Grecs viennent saluer Phryné et Praxytèle, et par le fond, pénètrent les danseuses.

Ce sont d'abord les joueuses de flûte et de lyre; puis défilent les danseuses Persanes, des Phéniciennes, des Assyriennes, des Égyptiennes et des Grecques précédant la Courtisane Sacrée, celle qui sait les rites de toutes les voluptés; l'Amant l'accompagne, ainsi que Chrysis e' Bacchis.

Tout-à-coup, le gong résonne et un Prince étranger fait apporter par des esclaves des coffrets d'or et de bijoux pour Phryné, qui s'en pare et invite l'inconnu à la fête.

La Bacchanale éclate. Phryné commence une suite de danses troublantes qui excitent les transports du Prince inconnu. Il veut saisir la belle courtisane, mais celle-ci se dégage et provoque la chute de l'étranger, dont le déguisement tombe. On reconnaît alors le vieil Héliaste qui s'enfuit en jurant de se venger, pendant que la bacchanale reprend.

### Troisième acte

#### L'ARÉOPAGE

Des trompettes lancent un appel, d'autres trompettes répondent et le cortège paraît. Les hérauts, les joueuses de flûte et de lyre, les sonneuses de crotales et Phéniciennes, les danseuses Égyptiennes, les prêtresses de Junon, les Grecs et les Courtisanes, les prêtresses de Minerve, la Courtisane sacrée et l'Amant, les danseuses Persanes et Assyriennes, le vieil Héliaste, les Héliastes et la foule prennent place au tribunal.

Le vieil Héliaste fait alors signe d'introduire Phryné, qui entre appuyée sur Praxytèle. Il accuse Phryné d'avoir offensé Vénus par ses danses impudiques, mais la belle courtisane sourit: elle s'avance modestement vers le tribunal et commence une danse mystique et très chaste, rendue plus mystérieuse encore par la nuit qui s'est faite. Praxitèle, à son tour, s'approche et, arrachant le voile qui recouvre Phryné, il la fait apparaître nue devant les regards éblouis des Juges et de l'assistance.

Alors, dans la nuit plus sombre, apparaît Vénus qui commande aux Héliastes d'acquitter Phryné, car jamais mortelle ne revêtit pareille enveloppe. Tout s'éclaire dans une lueur d'apothéose, on acclame l'Héroïne admirable, la Femme divine, la Beauté triomphante.

Cette scène merveilleuse de la vie antique se termine dans les tournoiements des danses.

1*er* sept 1*

## Première Partie

1. *Rugby-Marche* (MAUGY)....... ORCHESTRE.

2. **SUZIE & PROTTI** Danseurs excentriques

3. **?? SYLEX ??**

Présenté par le Professeur **MIEN'VILLE**

4. **TRIO EITNER** Travail sur fil de fer

5. **BOULI-KO**

et son excentrique

**10 Minutes d'Entr'acte.**

## Deuxième Partie

6. **PHRYNÉ**

*BALLET en Trois Tableaux de* **M. Auguste GERMAIN.**
*Musique de* **M. Louis GANNE.**
*Mise en Scène et Chorégraphie de CURTI.*
*Décors de MENESSIER.*

**CLÉO DE MÉRODE**
Phryné

| **LOUISE WILLY** | **CINQUEGRANI** | **ZANINI** |
|---|---|---|
| Praxytèle | La Courtisane sacrée | L'Amant |

Mmes E. Ducoin, Gouget, Curti, Calvieri, Coralie, Hansens, Barbage,
D. Ducoin, Boone, Broyard, Carmen, Godot, Coralie, Defretière,
Deroy, Doux, Gaillard, Gontard, Karal, Martellucci, Martin, May,
Angèle, Price, Radaelli, Rita, Rivière, Rossini, Sautriau, Sellier,
Suzanne Marly, et tout le corps de Ballet.

1er Tab. : **L'atelier de Praxytèle** | 2e Tab. : **Une fête chez Phryné**

3e Tableau : **L'Aréopage**

**15 Minutes d'Entr'acte**

Pianos de la **Maison PLEYEL** | Jeudis, Dimanches et Fêtes Matinée à 2

7.

8.

Par

9.

10.

11.

L

M

12.

13.

14.

# MPIA

**28, Boul. des Capucines**
TÉLÉPHONE 244-68

SOLA, Directeurs

amedi 15 Octobre 1904

---

**Troisième Partie**

7. *With Sword and Lance* (H. STARKE). ORCHESTRE

---

8. # THE PHANTOM-GUARDS

Par Miss Douglas, Desmond, Sadie Wade, Lety Lind, Madge Roslyn, Mary Hope, Emmie French, Ict Mequie, Mary Westwood, Kitty Newsonne, Flarrie Jones, Carrie Charles. Stervenson, Irène King, Lizzie Blatte, Annie Braham.

---

9. # E. ORLA

et ses Chiens équilibristes

---

10. # FIELDS

Jongleur Comique

---

11. # La BOUILLOTTE MYSTÉRIEUSE

Merveilleuse expérience scientifique de M. HUMBERTY

---

12. # The NOVELLO'S

Dans leur nouveauté des Indes et d'Europe

---

13. ## COURSE DE CANOTS AUTOMOBILES

de Calais à Douvres

(Nouvelles vues Cinématographiques)

---

14. RETRAITE

---

tinée à 2 h. | L'Administration se réserve le droit de modifier le Programme

# Folies - Bergère

## TOUS LES SOIRS

## L'AUTO AÉRIEN

Chute et Saut périlleux en **Automobile** exécutés par Melle **Mauricia de Tiers**

## LA FÉE DES POUPÉES

**GRAND BALLET**

DOUZE ATTRACTIONS SENSATIONNELLES

LE COLONEL BORDEVERRY

Bains Turco-Romains et Russes
(à air sec)
Téléph. 140-94   16 bis, rue Cadet, 16 bis
Hydrothérapie complète
Sudation, Massage,
Lavage, Inhalations
LE BALNEUM
PRIX :
Bain complet 3 f. 75
Sans massage 2 f. 75
Piscine, Salon de Coiffure
Pédicure, Salon de repos
Buffet-Restaurant
Par abonnement de 10 bains
Complet 2 f 65 le bain
Sans massage 1 fr 80 le bain
Salle d'Escrime
Garage de
Bicyclettes
Douches de toute nature 1 fr. 25
Par abonnement
Douche chaude 1 fr. - Douche froide 0 fr. 95
Massage à domicile pour hommes et dames
Ouverts de 6 h. du matin à 8 h. du soir